Pâte à Modeler

PREMIERS PAS

Brigitte Casagranda

Photographies
Jeanbor

Bordas
Dessain et Tolra

À Marie,
Sophie et Baptiste

L'auteur et l'editeur remercient
Omyacolor.

Conception graphique,
couverture : Jean-Louis Depaz
Mise en pages : Marc Gauthier
Photographies : Jeanbor
Révision et correction : Isabelle Macé
Édition : Mélanie Bauer
Direction éditoriale : Catherine Franck-Dandres
Coordination technique : Muriel Joubert
Photogravure : Nord Compo

Dépôt légal : avril 1996
Imprimé en Italie par Canale
ISBN : 2-04-021726-6
ISSN :1257-9769

SOMMAIRE

Conseils et matériel

Les pâtes à modeler

Les magasins spécialisés en travaux manuels ou les grandes surfaces vendent un très grand choix de pâtes à modeler. Pour ma part, j'ai essayé différentes pâtes à modeler afin de varier les couleurs et les textures

Presque tous les modèles expliqués dans ce livre sont réalisés avec de la pâte à modeler Patplume à base végétale ; elle devient vite souple (on peut donc la ramollir rapidement) et de plus elle ne durcit pas. Pour éviter qu'elle ne se mélange avec les autres pâtes, range-la dans une boîte hermétique ou bien dans un film plastique afin de préserver ses belles couleurs. Je pense que toi aussi tu seras attiré par ses couleurs vives et « fluo », idéales pour réaliser des fleurs, des bonbons, des oiseaux tropicaux, etc.

Plasticolor est une autre pâte agréable, également très souple, qui possède dans sa gamme de couleurs des tons très doux. Je l'ai surtout utilisée pour les modelages des gâteaux, des petits singes, etc.

Si le modelage est l'un des plus anciens moyens d'expression, il reste le plus simple et devient vite un jeu. La plupart des modelages photographiés dans ce livre sont expliqués pas à pas et t'aideront à réaliser des figurines ou des objets. Plus tard, tu pourras créer toi-même des animaux ou des personnages que tu mettras en scène dans un décor familier ou inventé… Faire, défaire, refaire, cela te sera facile avec de la pâte à modeler ! C'est un matériau bon marché et idéal pour faire tes Premiers Pas en modelage, te familiariser avec les formes et les couleurs, modeler et jouer pendant les jours de pluie !

Quelques objets utiles

- Bâtonnets de bois (bonbons, barbecue)
- Couteau à beurre (bonbons) ou à bout rond (poissons, frigidaire, dinosaures)
- Aiguille à tricoter (boutons) ou bout de bois
- Presse-ail (drôles de frimousses, girafes)
- Paille (fromage et souris, montre)
- Rouleau à pâtisserie
- Emporte-pièce (facultatif)

Répertoire des formes

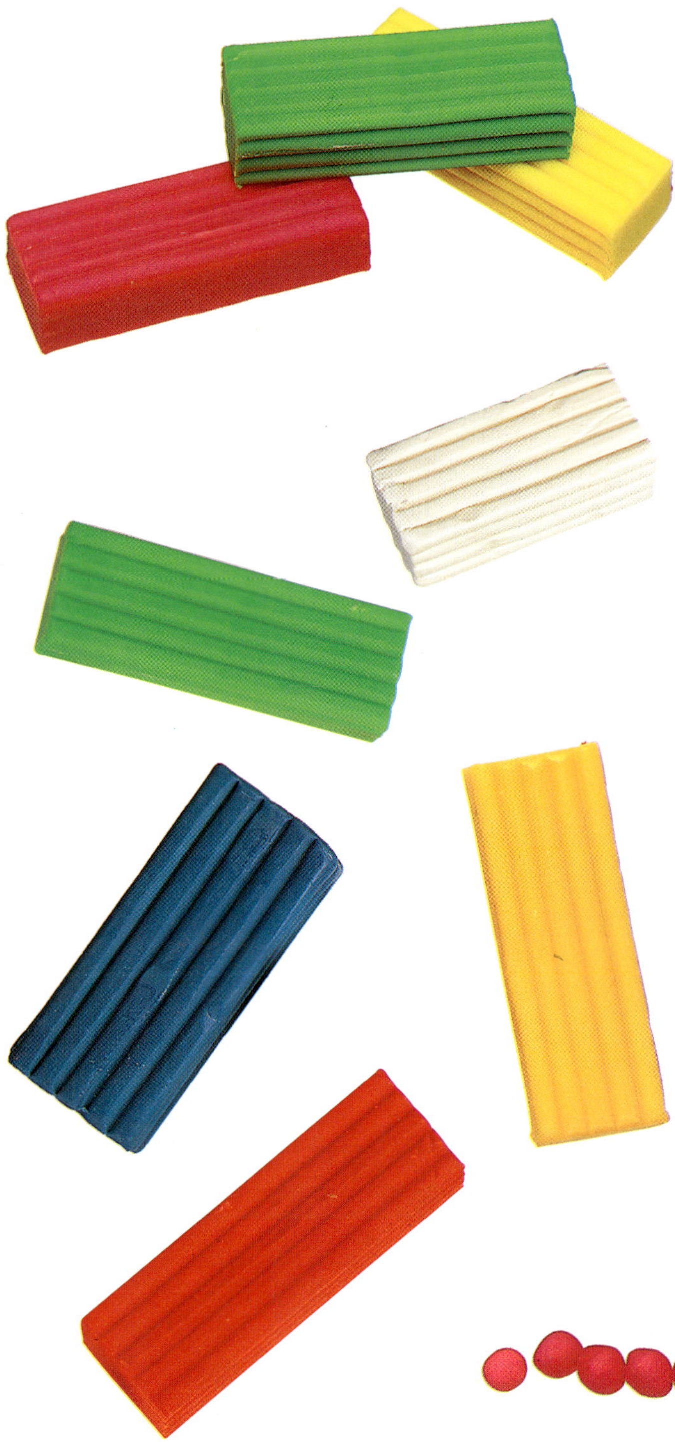

Boule ronde :
roule la pâte avec la paume de ta main sur la table. Tu peux aplatir ces boules pour faire des tartes, des pizzas...

Boule ovale :
roule la pâte avec la paume de ta main, en l'allongeant à peine.

Boulettes rondes, plus petites :
roule de petites boules avec la paume de ta main ; aplatis-les avec l'index pour former la chenille, les boutons...

Colombins :
roule des boudins plus ou moins gros avec tes doigts ou la paume de ta main ; tu peux les effilocher pour réaliser les pattes, la queue d'un animal, la tige d'une fleur, un serpent...

Étaler :
prends un peu de pâte, pétris-la pour la rendre souple, écrase-la un peu avec la paume de ta main, puis étale-la régulièrement avec un petit rouleau à pâtisserie. Tu pourras ainsi réaliser la mare, par exemple.

Pâte marbrée :
choisis deux pâtes de couleurs bien différentes et mélange-les ; tu obtiendras ainsi des nervures à l'intérieur d'une boule, pour réaliser les boutons page 22, par exemple.
Si tu mélanges plus longtemps deux pâtes ensemble, tu obtiendras une nouvelle couleur uniforme, comme ici un rose plus pâle. Tu pourras de cette façon compléter ta palette de couleurs.

Plaque :
c'est une couche de pâte à modeler d'épaisseur régulière, dans laquelle on peut découper des formes à l'aide d'un emporte-pièce.

Répertoire des gestes

Sers-toi de la paume de ta main pour faire une belle boule sur une table lisse et propre. Fais attention, si tu appuies trop, ta boule pourra vite se transformer en boudin.

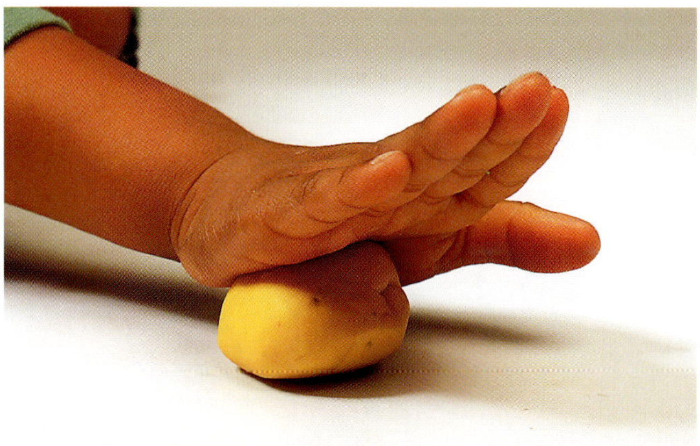

Pour faire une jolie pâte marbrée, malaxe délicatement deux pâtes ensemble. En les mélangeant plus longtemps, tu obtiendras une nouvelle couleur que tu auras inventée.

Si tu veux modeler un long serpent par exemple, utilise tes deux mains, bien à plat, et étire le colombin de pâte jusqu'à la longueur désirée.

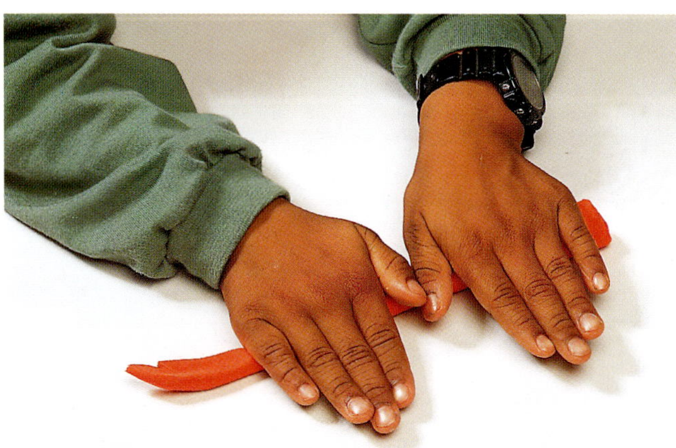

Tu peux aussi mélanger trois, quatre, cinq… couleurs mais là sois prudent, si tu utilises trop de couleurs différentes ou si tu malaxes trop longtemps tu auras une pâte marron ou grise, pas très jolie.

Jolies fleurs

Pour chaque fleur :

- *1 colombin vert pour la tige*
- *2 boulettes ovales vertes pour les feuilles*
- *1 boule jaune aplatie pour le cœur*
- *6 ou 7 boulettes aplaties pour les pétales, de couleur unie ou en pâte marbrée*

Tu peux ajouter des yeux et une bouche si tu veux que ta fleur ressemble à celle d'Alice au Pays des Merveilles. Elle attirera oiseaux et papillons.

Pince les feuilles pour les affiner et fixe-les au bas de la tige. Ajoute le cœur à l'autre bout de la tige, puis les pétales.

La basse-cour

Les oies

Roule une boule ovale blanche. Étire-la vers la queue, pince-la au niveau du cou et recourbe-la pour former la tête.

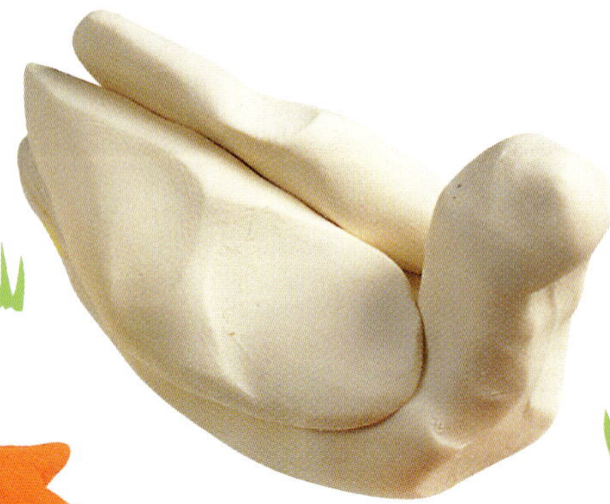

Aplatis 2 boulettes ovales blanches, pince-les pour les affiner et place-les de chaque côté du corps pour former les ailes.

Ajoute le bec et les pattes orange, puis 2 petites boulettes noires, toutes rondes, pour les yeux.

Tu peux t'amuser à former de petits groupes, comme ici avec la pintade, les canards, la poule et ses poussins. Tous sont si occupés à picorer qu'ils ne voient pas le renard !

Le renard

Roule une boule ovale orange et pince-la au niveau de la queue ; allonge la queue vers le bas en la pinçant.
Pince également l'autre extrémité vers le haut pour former le cou.
Roule une boule ovale pour la tête et modèle-la en triangle. Il te suffit pour cela de pincer entre le pouce et l'index

le museau du renard. Pince aussi le dessus de la tête pour former les oreilles et pose la tête sur le cou.
Roule 4 colombins pour les pattes et fixe-les.
Utilise de la pâte à modeler blanche pour le bout de la queue du renard et aussi pour l'intérieur des oreilles.
Aplatis 2 petites boulettes blanches pour les yeux, sur lesquels tu poseras 2 boulettes noires encore plus petites.
Termine par une minuscule truffe noire au bout du museau, et ajoute un peu de noir sur le bout des pattes.
Le renard rusé guette la belle volaille de la page d'à côté !

La ferme

Les animaux de la ferme sont amusants à modeler, mais il faut respecter les proportions et accentuer certains détails comme les cornes, les pattes ou les oreilles. Essaie toujours de décomposer l'animal en formes simples ; les pattes sont souvent des colombins assez épais car elles doivent soutenir le corps.

Commence par préparer les différents éléments du mouton : le corps, la tête, les pattes et les oreilles.

Le mouton

Avec de la pâte à modeler blanche, prépare :

- 1 boule ovale pour le corps
- 1 boule ovale plus petite pour la tête
- 2 boulettes ovales aplaties pour les oreilles
- 4 colombins pour les pattes
- de nombreux colombins très fins pour les bouclettes

Puis :

- 2 petites boulettes noires pour les yeux
- 1 minuscule boulette bien ronde, rose, pour le museau.

Le mouton est un peu long à réaliser car il est entièrement recouvert de fins colombins roulés sur eux-mêmes qui le font paraître frisé.
Modèle de nombreux petits colombins

blancs très fins, roulés sur eux-mêmes, comme pour les bonbons de réglisse. Recouvre entièrement le mouton avec ces colombins, en les serrant bien les uns contre les autres ; appuie légèrement dessus pour qu'ils tiennent bien sur le corps.

Place la tête sur le corps en pressant légèrement, puis les yeux et le museau. Termine en ajoutant les 4 pattes et ajoute quelques frisettes sur le front du mouton.

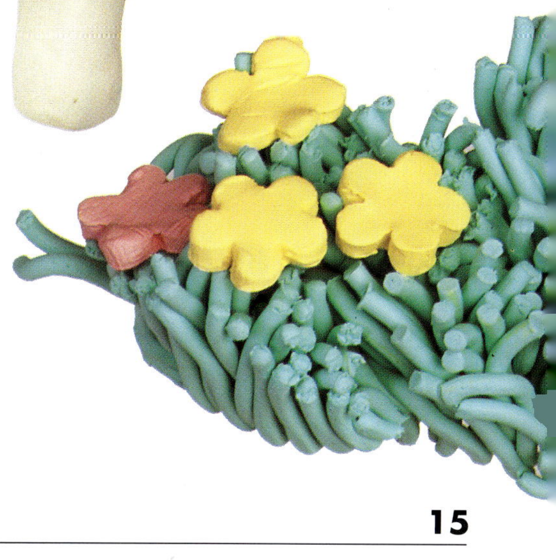

Le bélier

Le bélier se modèle comme le mouton mais au lieu de recouvrir le corps de bouclettes, tu feras des boulettes blanches dont il faudra recouvrir le corps du bélier en les serrant bien les unes contre les autres.

Le bélier a des cornes faites avec 2 colombins jaunes enroulés sur eux-mêmes.

Place la tête sur le corps en pressant légèrement, puis les oreilles, les yeux, le museau et les cornes. Ajoute quelques boulettes de pâte autour de la tête. Fixe alors les 4 pattes afin que ce bélier tienne debout. S'il y a des « trous dans la laine », ajoute de-ci de-là quelques boulettes.

Le chien

Il se modèle comme le renard de la basse-cour, mais son corps est plus carré, sa queue plus fine et ses pattes plus grosses. Utilise de la pâte à modeler marron pour le corps, les pattes et la tête, noire pour les yeux et le museau, et rouge pour le colombin du collier.

À la belle étoile

Le campeur

Roule une boule rose bien ronde pour la tête, 2 colombins pour les bras et 2 boulettes ovales roses pour les mains.
Termine par les joues, les yeux (2 fins colombins noirs), la bouche et ajoute une boulette pour le bout du nez
Fais les cheveux avec le presse-ail.

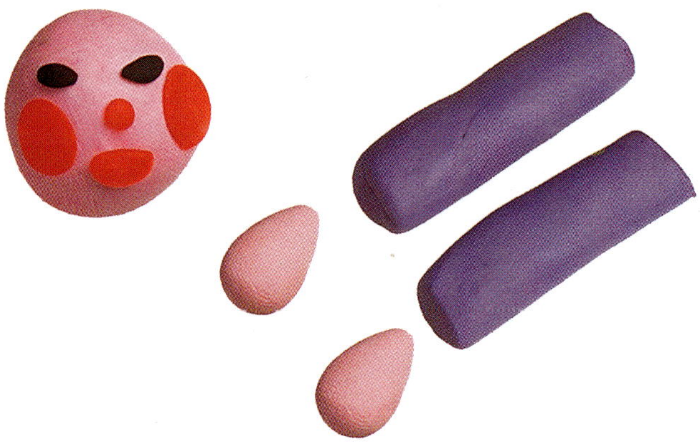

Modèle les différents éléments du lit, puis place la tête sur l'oreiller, les bras tout contre la tête, et borde le dormeur bien serré !

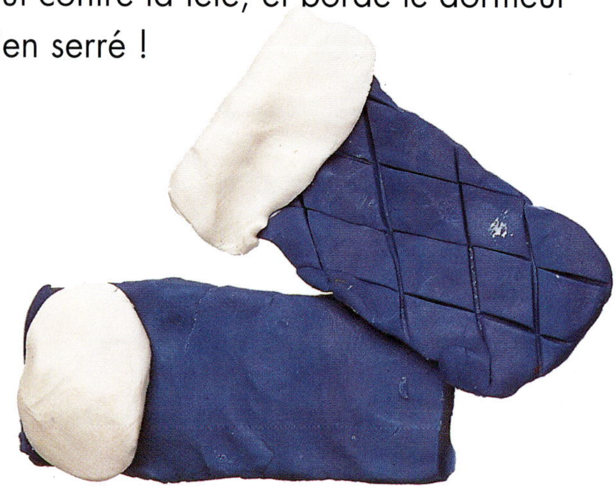

La mare

Roule une boule de pâte à modeler bleue entre tes mains tièdes pour la ramollir, puis étale-la à l'aide du rouleau à pâtisserie. Ajoute tout autour des touffes d'herbes pressées avec le presse-ail.

Tu peux ajouter quelques petits animaux comme la grenouille ou la coccinelle, un nénuphar ou même des cactus !
Voici déjà le décor installé !

Au coin de la rue

Le marchand de bonbons

Voilà de quoi t'amuser en essayant toutes les couleurs de pâtes à modeler ! Prépare des boulettes de toutes les couleurs pour former des bonbons que tu pourras peser, mettre dans un sac de cellophane et proposer à tes poupées. Quel régal !

Les sucettes

Pour les sucettes toutes rondes, roule des boules dans lesquelles tu enfonceras un bâtonnet de bois.

Pour les sucettes pointues, aplatis des boules avec la paume de ta main et pince l'extrémité.
Ajoute un bâtonnet de bois.

Tu peux également entortiller 2 colombins de couleurs différentes ensemble, couper net les deux extrémités et fixer un bâtonnet de bois.

Les autres sucettes sont celles de mon enfance…
Aplatis une boulette blanche avec la paume de ta main, puis place au centre une petite fleur, un papillon ou un visage que tu aplatiras doucement avec l'index. Termine la sucette en l'entourant d'un fin colombin coloré, puis fixe un bâtonnet de bois.

Les réglisses

Les réglisses sont formés d'un colombin noir enroulé autour d'une boulette de couleur vive.

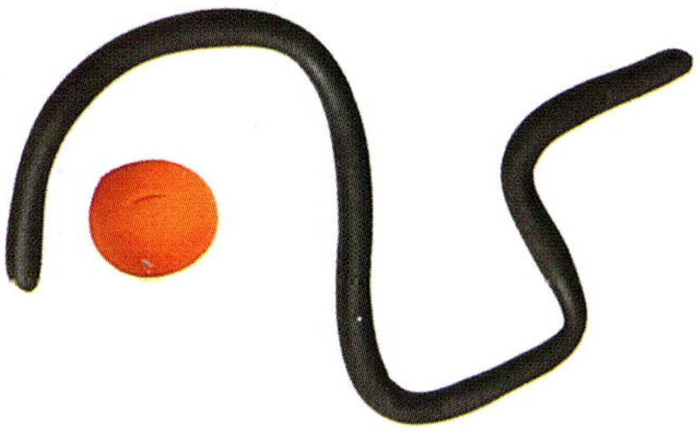

Tu peux aussi couper des petits rouleaux avec un couteau à beurre, et décorer chaque extrémité d'une pastille de couleur.

La vendeuse de boutons

Prépare des boulettes de différentes grosseurs, bien rondes, et aplatis-les avec l'index. La boule de pâte à modeler peut être unie ou bien marbrée.

Tu peux également t'amuser en posant une boulette d'une couleur sur une boule d'une autre couleur un peu plus grosse, et aplatir ensuite les 2 boules avec l'index pour bien incruster les pâtes entre elles.

Pour varier les dessins, aplatis légèrement une boule de pâte à modeler et dispose sur le tour de toutes petites boulettes que tu aplatiras avec l'index : les petites boulettes s'incrusteront dans la pâte et formeront un joli dessin.

Les boutons peuvent aussi être décorés avec de fins colombins : dispose-les en lignes ou en croix sur la boule de pâte servant de support, puis aplatis-les avec l'index ; les colombins s'incrusteront dans la boule de pâte.
Lorsque les boutons sont prêts, enfonce une aiguille à tricoter ou un bout de bois pour faire 2 ou 4 trous réguliers.

La fleuriste

Tu peux réaliser des fleurs une à une et les regrouper en bouquet, ou présenter tes fleurs en pots. Elles pourront ainsi tenir debout.

Modèle plusieurs pots à peine aplatis avec le doigt ou la paume de la main ; si tu veux qu'ils tiennent debout, forme des cubes de 1/2 cm d'épaisseur et creuse-les légèrement avec ton index. Pour les cactus, tu peux par exemple former plusieurs boulettes ovales de tailles différentes que tu disposeras en éventail ; presse-les afin de les souder les unes aux autres, puis ajoute des boulettes de pâte fluo pour les fleurs.

Lorsque tu auras terminé, si tu es sûr
que toutes les feuilles sont bien soudées,
tu pourras installer les pots verticalement ;
ils tiendront debout si tu presses
légèrement le pot sur la table.
Tu peux ainsi créer des décors fleuris
pour les dinosaures, dans la jungle avec
les lions et les girafes, autour du campeur...

Océan

Poissons et algues

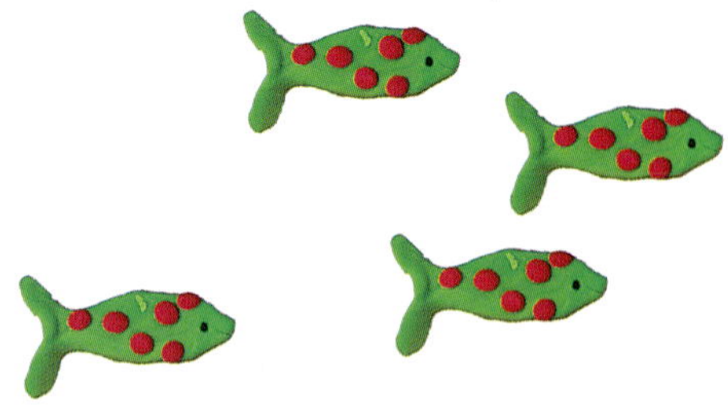

Les poissons rouges sont très faciles à réaliser.

Forme une boule ovale, aplatis-la avec la paume de ta main, puis pince-la au niveau de la queue. Pince aussi les extrémités de la queue en les arrondissant.

Ajoute 2 boulettes ovales pour les nageoires du ventre, puis 2 autres près de la queue. Modèle une nageoire plus longue pour le dos du poisson ; tu peux y dessiner des rayures verticales avec le dos du couteau, avec une aiguille ou un petit bout de bois.
Une toute petite boulette noire forme l'œil.

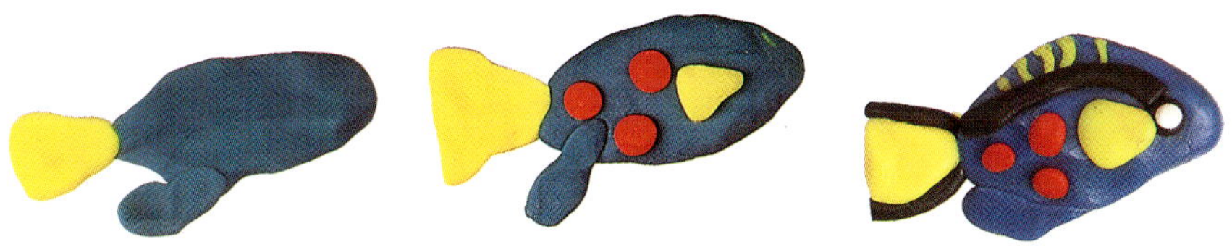

À toi de transformer ton poisson rouge en poisson-clown en ajoutant juste quelques rayures blanches avec de fins colombins de pâte…

Aide-toi des photos pour réaliser les autres poissons.

Pour les algues, fixe d'abord les feuilles sur la tige, puis forme un petit nid de pâte verte au bout de ton doigt ; place la boulette rouge de la « fleur » et termine en décorant la tige avec les petites boulettes.

Jeu de rôles

Drôles de frimousses

Tu peux rouler des boules rondes et les aplatir ou bien étaler la pâte à modeler, puis découper plusieurs visages à l'aide d'un emporte-pièce de forme ronde.

Presse de la pâte à modeler avec le presse-ail pour former les cheveux, et place-les de chaque côté de la tête ; tu peux aussi les natter ou les coiffer comme tu en as envie.

Commence par fixer les joues : 2 boulettes rondes et roses que tu écraseras avec l'index. Ajoute une petite boulette bien ronde pour le nez, puis un fin colombin pour la bouche. Ton personnage peut être gai ou triste, ou bien encore avoir une bouche en cœur, ou toute ronde, ce qui lui donnera l'air étonné.

Termine en ajoutant nœuds ou chapeau,
cravate ou nœud papillon à pois
ou à rayures.

Jeu de neige

Les bonshommes en boules de neige

Pour réaliser un bonhomme de neige, il te suffira de préparer des boules toutes rondes, de tailles différentes :
Avec de la pâte à modeler blanche :
- *1 boule pour le corps*
- *1 boule plus petite pour la tête*
- *2 petites boulettes pour les mains*

Avec de la pâte à modeler noire :
- *2 minuscules boulettes pour les yeux*
- *1 boule à creuser pour le chapeau*

Avec de la pâte rouge ou rose fluo :
- *1 minuscule boulette pour le nez*
- *1 colombin pour la bouche*
- *quelques minuscules boulettes rondes pour l'écharpe*

Assemble le bonhomme de neige, sans oublier le nez, les yeux et la bouche, et pose le chapeau sur sa tête. Découpe un rectangle de pâte de couleur, dispose les boulettes rouges ou roses et frange les extrémités de l'écharpe avec le couteau. Noue l'écharpe autour du cou du bonhomme.

Les lutins

Pour réaliser ces petits personnages rouge et blanc, il te faut une boule ronde pour la tête et une boule ovale plus grosse pour le corps.

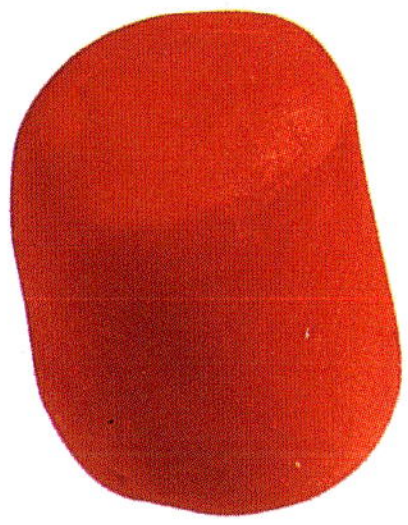

Place la boule ovale debout, en aplatissant légèrement les deux extrémités afin qu'elle tienne bien droite, et pose la boule ronde de la tête ; presse-la légèrement pour qu'elle ne roule pas !

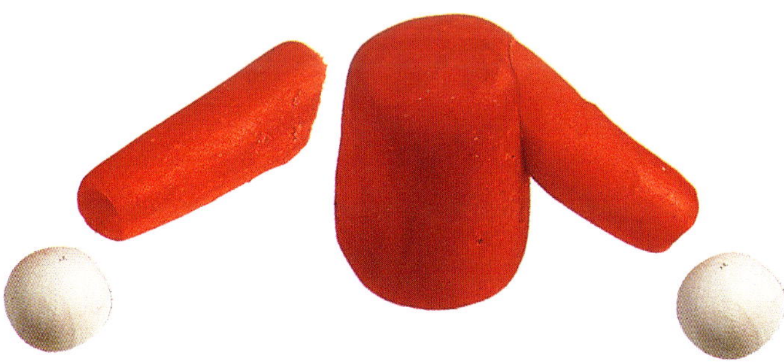

Roule 2 colombins pour les bras, fixe-les sur le corps et ajoute 2 boulettes rondes pour les mains.

Place ensuite 2 petites boulettes bien rondes pour les joues, en les aplatissant pour bien les fixer ; ajoute une boulette plus petite, bien ronde, pour le nez, puis 2 petites boulettes blanches aplaties pour les yeux. Termine en ajoutant 2 boulettes noires encore plus petites au milieu des yeux.

Pose un grand bonnet sur la tête que tu borderas de touffes de cheveux blancs pressés avec le presse-ail ; la barbe se prépare de la même façon.

Bon appétit

La dînette

Le barbecue

C'est la fête entre amis ! Prépare les brochettes en enfilant sur des bâtonnets de bois des cubes de différentes couleurs ; des œufs sur le plat ou à la coque (sans oublier le jaune !) ; et apporte à tes invités du jambon fumé ou tout ce que tu pourras imaginer de délicieux.

La poire

Roule une boule ovale à peine affinée vers le haut ; il te suffit pour cela de la pincer en l'appuyant légèrement sur la table. Ajoute un petit colombin noir pour la queue et une boulette ovale bien verte aplatie avec l'index ; place-la au bas de la queue du fruit et presse-la afin qu'elle reste bien fixée sur le fruit.
Tu peux bien sûr modeler d'autres fruits, une banane ou une orange par exemple.

Les gâteaux

Commence par la pâte à tarte : tu peux dessiner avec un couteau à bout rond des hachures tout autour de la pâte, puis disposer de minuscules boulettes rouges pour les cerises. La crème Chantilly est réalisée avec de petites boulettes bien blanches disposées régulièrement par trois sur le tour de la tarte et au centre avec un colombin.

La tarte aux abricots est plus vite réalisée : prépare des boulettes orange, écrase-les avec l'index et dispose-les en rond. Place au centre une cerise bien rouge.

Mais si tu aimes les gâteaux, tu ne manqueras pas d'idées pour modeler tartelettes, roulés ou éclairs au chocolat !

Les légumes

Les légumes sont faciles et mignons à modeler. Voilà de quoi composer une dînette ou jouer à la marchande : tu pourras les peser si tu as une balance, les mettre en sachet, ou bien les donner à manger à ton ours.

Les tomates sont bien rondes, les carottes et les aubergines sont des boulettes allongées, les navets et les radis sont des boulettes à peine ovales, puis pincées à l'une des extrémités ; tu termineras par une petite touche de pâte blanche. N'hésite pas à ajouter des feuilles très vertes pour faire ressortir les couleurs des légumes.

Fromage et souris

Dans une boule jaune, découpe une portion de gruyère. À l'aide d'une paille, perce des trous à plusieurs endroits. Entoure ensuite le fromage d'une mince couche de pâte à modeler marron pour former la croûte, et voici ton fromage terminé !

La petite souris est composée :
- d'une boulette ovale pour le corps,
- d'une boulette ronde pour la tête,
- de 2 boulettes aplaties pour les oreilles,
- d'un fin colombin pour la queue.

Assemble tous ces éléments en les pressant doucement pour qu'ils se soudent bien les uns aux autres. Deux petites boulettes bien noires pour les yeux, une plus petite encore, rose, pour le museau, et voici ta souris prête à entamer son repas et celui de tes poupées !

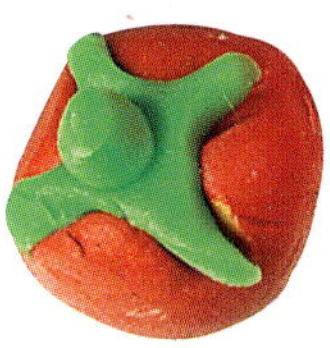

Après l'école

La montre

Étale de la pâte à modeler avec la paume de ta main ou un rouleau à pâtisserie et découpe le bracelet.

Aplatis une boule ronde avec l'index et place-la au milieu du bracelet.

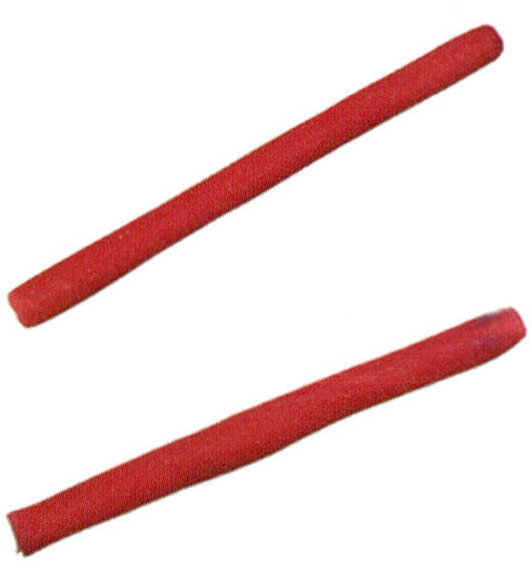

Dispose de petites boulettes pour les heures, tout autour du cadran. Ajoute 2 colombins pour les aiguilles, puis les pattes sur le bracelet et la boucle. Troue régulièrement le bracelet à l'aide d'une paille.

Le téléphone

Commence par modeler le socle, puis ajoute le cadran. Marque les trous sur le cadran avec une paille. Ajoute le combiné, puis un colombin enroulé en spirale pour le fil.

La boîte de peinture ou de feutres

Commence par modeler les socles. Pour la peinture, marque les trous avec une paille. Les palets de couleur sont des boulettes un peu aplaties et le pinceau un petit colombin.

Dispose les couleurs sur le socle, selon tes goûts, puis le pinceau, avant d'ajouter le couvercle.

Les feutres sont de petits colombins de couleurs maintenus dans la boîte par une bande de pâte à modeler étroite.

En route !

Le camion du laitier

Dans le pain de pâte rose entier découpe la carcasse du camion en enlevant juste au couteau un morceau de pâte à modeler à l'avant du camion ; tu auras ainsi le pare-brise et le capot.

Aplatis et découpe 2 rectangles : un dans la pâte verte et un dans la pâte blanche. La pâte blanche servira de pare-brise, et le rectangle vert sera le panneau publicitaire sur lequel tu marqueras « Lait » avec un fin colombin de pâte blanche (tu peux aussi mettre « Essence », « Coca-Cola »...)

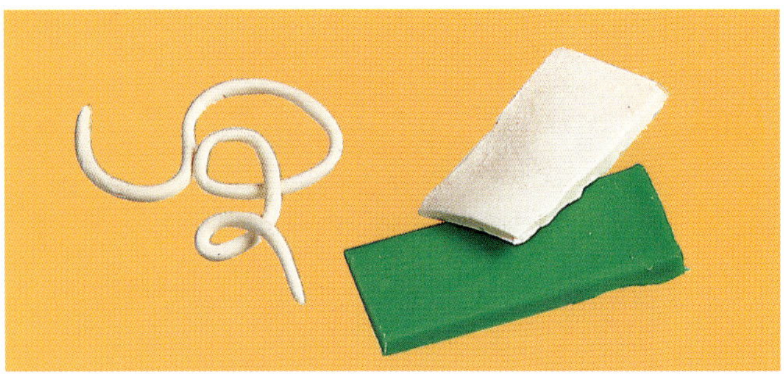

Il te reste à placer les 4 roues : aplatis légèrement 4 boules noires, et ajoute au milieu une pastille rose pour l'essieu. Place les roues au bas du camion des deux côtés. N'oublie pas de fixer 2 phares jaunes sur le devant.

Tu peux modeler les autres véhicules en t'aidant des photos, ou inventer de nouvelles voitures en variant les couleurs et les formes.

L'avion

Vérifie d'abord que tes mains sont bien propres ; garde aussi sur ta table ou sur tes genoux un chiffon propre et sec pour pouvoir les essuyer au cours du modelage, car tu vas utiliser de la pâte blanche.

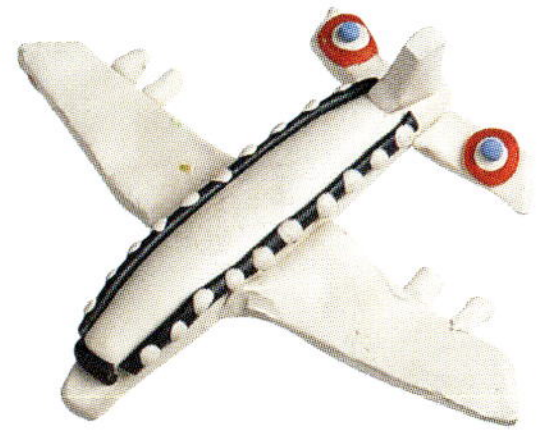

Roule un colombin blanc pour le corps de l'avion.
Aplatis avec un rouleau à pâtisserie de la pâte blanche et, à l'aide d'un couteau, découpe les ailes puis la queue de l'avion.

Roule un colombin noir assez fin et aplatis-le avec l'index le long de l'avion et sur le devant pour le pare-brise. Dispose régulièrement des petites boulettes blanches pour former les hublots et ajoute les dessins de la queue.

L'heure du goûter

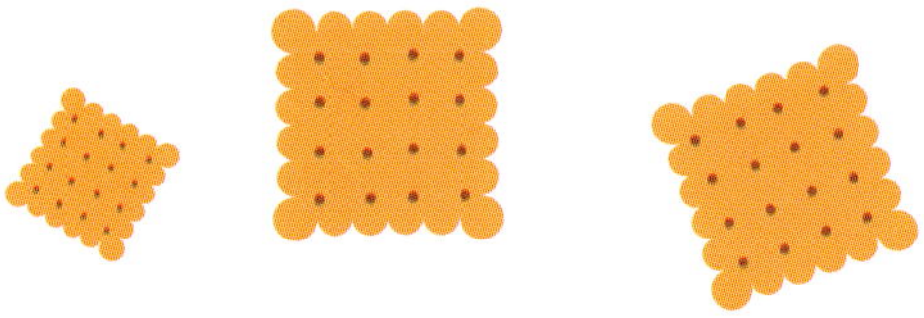

Tea time

Voici comment réaliser la petite fille aux couettes :
Roule un colombin pour le corps et pince-le au niveau de la taille, puis coupe-le afin de séparer les jambes que tu écarteras un peu.

Ajoute 2 petits colombins blancs pour les chaussettes, puis 2 boulettes ovales d'une autre couleur pour les chaussures.

Modèle et assemble une boule bien ronde pour la tête, 2 colombins pour les bras et 2 boulettes ovales pour les mains.

Les cheveux sont striés au couteau dans un rectangle de pâte jaune ou orange, puis agrémentés d'un ou deux nœuds.

Tu peux asseoir facilement tes petits personnages sur des cubes qui leur serviront de tabouret ou de pouf. C'est en positionnant les jambes que tu leur donneras de l'équilibre. Bras et jambes peuvent être écartés ou croisés ; tu peux même placer un pied en l'air.

Ces personnages te serviront à créer de petites mises en scènes ou des histoires : ils pourraient regarder la télévision, être alignés en rangée devant un écran de cinéma, se tenir debout devant une vitrine, ou bien encore aller au zoo, par exemple.

Dans la cuisine

Voici comment réaliser le frigidaire : Prends un pain de pâte à modeler entier. Coupe-le en deux moitiés dans le sens de la hauteur, avec un couteau à bout rond.

La première moitié servira de porte, et l'autre moitié sera le corps du frigidaire. Évide les deux moitiés avec le couteau. Place ensuite les étagères, formées de bandes rectangulaires.

Roule 6 colombins pour les pieds (4 pour le frigidaire et 2 pour la porte). Modèle des boîtes multicolores, des fruits, des légumes, des pots de yaourt sur lesquels tu peux ajouter des étiquettes. Place des œufs bien alignés dans le haut de la porte, puis des bouteilles de lait dans le bas. Une boulette bleue servira de bouchon.

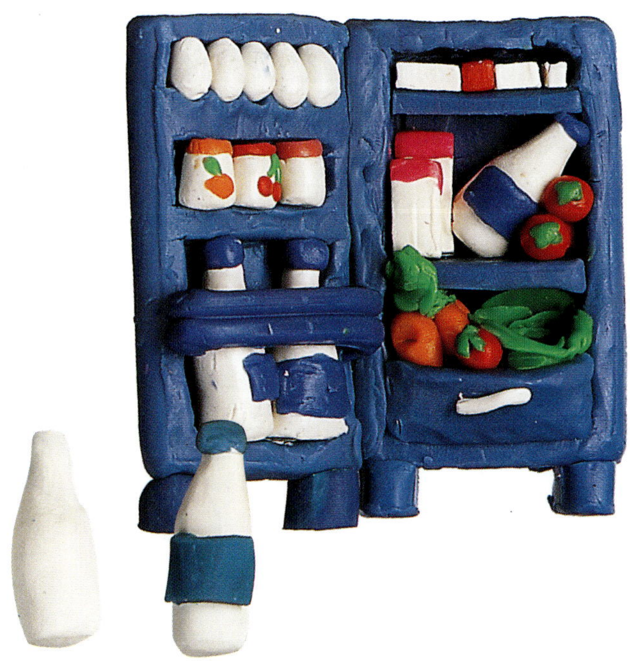

Animaux d'hier et d'aujourd'hui

Les dinosaures

Roule d'abord le gros morceau de pâte à modeler sur la table pour faire un gros colombin. Affine-le au niveau du cou, puis au niveau de la queue. Place le dinosaure sur le ventre, pince et recourbe la queue.

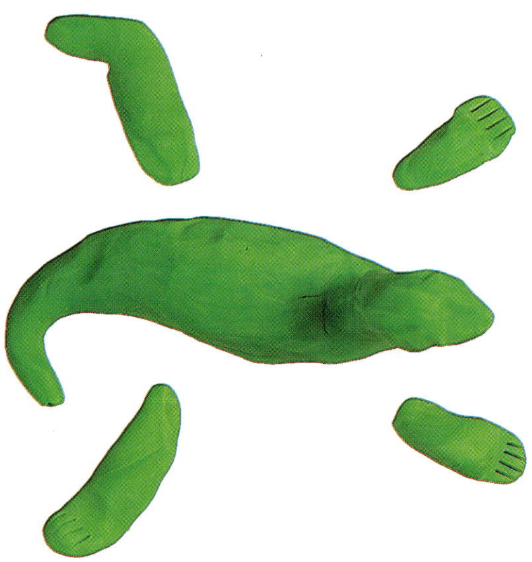

Pour le dinosaure vert et rose, tu auras besoin d'un pain de pâte à modeler verte entier. Pétris la pâte entre tes mains afin de bien la ramollir.
Tu utiliseras les 3/4 de la pâte pour former la tête, le cou, le corps et la queue, que tu modèleras dans le même morceau de pâte ; le reste de pâte te servira pour les 4 pattes.

Modèle les 4 colombins pour les pattes : 2 plus gros pour les pattes arrière, 2 plus petits pour les pattes avant. Recourbe un peu le bout des pattes et dessine les griffes avec un couteau.

Les écailles roses doivent être placées en une ou deux rangées sur le dos du dinosaure. Ce sont des boulettes ovales, aplaties puis pincées à l'une des extrémités.

Il te suffira de les disposer en pressant légèrement afin qu'elles se tiennent bien sur le dos. N'oublie pas ensuite de mettre ton dinosaure sur ses 4 pattes. Termine par les yeux et le museau ; tu peux couper le museau et insérer une langue rose.

Le dinosaure vert et blanc se modèle de la même façon : commence par le corps, ajoute les pattes et la collerette, et termine par les détails (cornes, yeux et boulettes vertes et blanches).

Tu peux de la même manière modeler des crocodiles ou des serpents en t'aidant des photos.

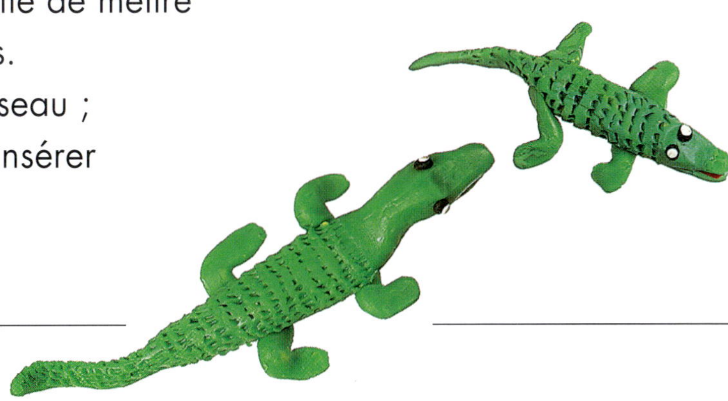

Dans la jungle

Voici quelques exemples d'animaux qui te permettront de créer un zoo, un cirque, ou bien que tu pourras placer dans la jungle ou dans un camion de cirque...

La girafe

Avec un pain de pâte à modeler orange, tu peux réaliser 2 belles et grandes girafes, qui pourront par exemple aller boire à la mare près du campeur endormi.

Roule un colombin pour le corps et affine-le pour former le cou et la tête. Place les 2 petites oreilles.

Roule un fin colombin pour la queue et effiloche-le au couteau.

Roule 2 colombins pour les pattes avant, puis 2 autres plus courts pour les pattes arrière.

Prépare ensuite une pâte marbrée en mélangeant du jaune et de l'orange ; cette pâte à modeler va te servir pour la crinière réalisée au presse-ail, et pour les taches du corps (elles peuvent aussi être marron). N'oublie pas les 2 petits yeux noirs, les naseaux et le petit serpent !

Les singes

Voici comment réaliser des petits singes qui tiendront compagnie de près aux girafes, de loin au lion ! (Pour réaliser ce dernier, aide-toi de la photo.)
Prépare tous les éléments que l'on voit sur la photo ci-dessous.
Assemble d'abord la tête et le corps, puis les pattes et la queue enroulée sur elle-même.

Le masque et l'intérieur des oreilles sont modelés dans de la pâte rose, beige, blanche ou noire selon la couleur du reste du corps.
Termine en ajoutant 2 boulettes minuscules pour les yeux, et la banane.